AF369545

COLLECTION DE M. X.....

—⧓—

Vente du Lundi 9 Mars 1885

—⧓—

10,000 ÉCHANTILLONS

D'ÉTOFFES ANCIENNES

—————

EXPOSITION PUBLIQUE

Le Dimanche 8 Mars 1885, de 1 heure à 5 heures

———

PARIS — 1885

Vᵉ RENOU ET MAULDE

IMPRIMEURS DE LA COMPAGNIE DES COMMISSAIRES-PRISEURS

Rue de Rivoli, 144

Collection de M. X.....

VENTE AUX ENCHÈRES PUBLIQUES

DE **10,000** ÉCHANTILLONS

D'ÉTOFFES ANCIENNES

Velours, Soieries, Tissus brochés et imprimés

de l'Occident

DU XIIIᵉ AU XIXᵉ SIÈCLE

ET AUTRES PIÈCES EN

Velours, Etoffes, Chasubles, Chapes, Broderies, Franges
Devant d'autel brodé en jais

GALONS, QUANTITÉ DE LAMBREQUINS, ETC.

DONT LA VENTE AURA LIEU

HOTEL DROUOT, SALLE Nᵒ 5

Le Lundi 9 Mars 1885

A TROIS HEURES

Mᵉ Robert LE SUEUR	M. E. GANDOUIN
COMMISSAIRE-PRISEUR	EXPERT
rue Le Peletier, 29	rue Le Peletier, 42

CHEZ LESQUELS SE DISTRIBUE LE CATALOGUE.

EXPOSITIONS PUBLIQUES

Pour les Collections : le Dimanche 8 Mars 1885, de 1 heure à 5 heure

Et, pour les Étoffes ne formant pas collection : le Lundi 9 Mars 1885
de 1 heure à 3 heures.

PARIS — 1885

CONDITIONS DE LA VENTE

Elle sera faite au comptant.

Les Acquéreurs paieront CINQ POUR CENT en sus des adjudications, applicables aux frais de la vente.

DÉSIGNATION

IMPORTANTE ET RARE COLLECTION

DE

TISSUS ANCIENS

1-75 — 7,000 échantillons d'Étoffes et Tissus, renfermés
en 750 grandes Cartes, en 75 Albums, 1 gros
Album de 150 feuillets. Le tout renfermant
des velours, des soieries, des tissus, des étoffes
imprimées de toutes les fabriques de l'Occident, depuis le xiii° siècle jusqu'au milieu
du xix° siècle. Remarquable spécimen formant une rare collection de velours, de
soieries, de brocarts, de brocatelles, de toiles
et autres étoffes brochées et imprimées, etc.,
etc., etc.

NOTA — Ces 75 Albums seront vendus en un seul lot.

Les 17 Albums ci-après ont été faits pour satisfaire
les demandes des non acquéreurs de la collection ci-
dessus·

76 — 17 Albums dont détail suit :

4 Albums ou réunion de 25 cartes.
1 Album de 20 cartes de broderies.
12 Albums bien soignés, avec couvertures d'étoffes et de velours.

Commencement des détails des 17 Albums :

77 — Réunion de 25 grandes cartes, de broderies de toutes époques et de toutes provenances.

78 — Album ou réunion de 25 grandes cartes. Toiles imprimées : Amours, petits sujets, scènes guerrières, scènes diverses, oiseaux, etc., etc.

79 — Réunion de 25 grandes cartes, même travail : fruits, fleurs, oiseaux et personnages. Ces deux albums sont de l'époque de Louis XV, de Louis XVI et de l'Empire.

80 — Album de soies de diverses provenances, satins, gros de Tours, soieries de Lyon, velours de Gênes, de Toscane, etc., 50 feuillets, couverture en soie bleue brodée de fleurs de lys en argent; moquettes, tapis de Hongrie. Dessus velours vert uni.

81 — Album de 100 feuilles environ, couverture grise en velours (soieries, brocarts).

82 — Album de 50 feuillets environ, couverture en soie bleue avec fleurs de lys en broderie de paillettes d'argent, velours de Gênes, Renaissance, soieries et brocarts tissés d'or et d'argent, moquettes et tissus, Louis XIII.

83 — Album de 80 feuillets, soieries diverses du xvie, du xviie et du xviiie siècle, couverture en velours uni crème.

84 — Album de 80 feuillets, tissus de soie du xvii°, d u
xviii° et commencement du xix° siècle, soieries diverses brochées, tissus d'or et d'argent
des fabriques de Venise, Lyon et Tours, et
tissus imprimés du commencement du siècle;
couverture soie à rayure verte sur fond gris
d'un petit dessin chamois.

85 — Autre, couverture en tissu de soie jaune à
grands feuillages, même couleur et lamée d'or.
80 feuillets contenant des soieries de toutes
les époques.

86 — Album contenant les toiles imprimées des
époques Louis XIII, Louis XIV, Louis XV,
Louis XVI et de l'Empire, scènes à personnages et animaux, amours et oiseaux, 80 feuillets, couverture soie à rayure multicolore.

87 — Album rempli de soieries anciennes de diverses
époques, 80 feuillets, couverture en soie verte
parsemée de fleurs de couleurs diverses.

88 — Album de 80 feuillets, soieries de toutes les époques, de divers damas, époque Louis XIV et
Louis XV. Couverture en soie jaune à petits
semis ton sur ton.

89 — Album renfermant une série de velours de Gênes,
de Venise, etc., des époques moyen âge, Renaissance, Louis XIII et Louis XIV, brocatelles
avec oiseaux couronnés du xvi° siècle, soieries des époques Louis XIV, Louis XV et
Louis XVI, avec oiseaux, fruits, fleurs et scènes
à personnages; moquettes de l'époque Louis XIII,
broderies à fleurs de lys argent et autres du
moyen âge. Couverture en velours uni, couleur crème. 50 feuillets.

90 — Album de 100 feuillets, soieries et tissus de
toutes les époques, tissus de fabriques diverses,
à oiseaux sur fond lamé d'or, commencement
du xvie siècle. Couverture de velours vert uni.

91 — Album de tissus et broderies, étoffes de toutes les époques ; brocatelles à personnages
et oiseaux couronnés et affrontés de diverses
fabriques et décors différents de diverses provenances ; tissus de fil de la Renaissance, soieries tissées et lamées d'or avec oiseaux divers
et alternés ; tissus au chardon fleuri, série de
petits dessins d'étoffe à costume du xvie siècle ;
collection de dessins Louis XIII, Louis XIV,
Louis XV et Louis XVI. Couverture en velours
vert uni.

92 — Sans aucune couverture. Réunion de 25 cartes,
en partie tissus imprimés de Oberkampf.

93 — Réunion de 25 grandes cartes, brocatelles à oiseaux affrontés, à fond de soie jaune imitation
or, velours à parterre et autres, etc., étoffes des époques Louis XIII, Louis XIV,
Louis XV et Louis XVI, tissée d'or et d'argent, etc. Sans couverture.

ÉTOFFES DIVERSES

94 — Devant d'autel en satin, couleur chair, avec
broderies et application, et couvert de jais
blanc, époque Louis XV.

95 — Chasuble, même travail, en jais et broderies.

96 — Grand Devant d'autel en velours de Gênes gre-
nat, sur fond blanc, lamé d'argent, beau galon
et frange dorée.

97 — Autre Devant d'autel, plus petit que le précédent,

107 — Rare et belle Pente, lambrequin en soie fond brun, avec gros fruits divers et fleurs ; longueur 6^m60 ; glands en pendentifs recouverts d'une seule frange.

108 — Lambrequins en soie Louis XVI ou soie rouge, avec bouquets, frange dorée. Longueur de chaque 2^m50.

109 — Belles Pentes de dais en satin rouge broché doré, avec dessins de style et inscriptions gothiques, belle frange à graines d'épinard. Longueur de chacune 1^m60.

110 — Bandeau en damas de soie rouge, avec bande brodée argent sur fond jaune, frange argentée. Longueur 1^m50 sur 0^m35.

111 — Lambrequin en soie damas rouge, à gros grain, frange argent. Longueur 2^m50.

112 — Dais entier en satin de soie rouge, broché de soie jaune et blanc, longueur 6^m, très beaux galons et franges à graines d'épinard, dorés, d'une conservation parfaite.

113 — Lambrequins à compartiments en soie verte et blanche, à petits dessins, galon et frange dorés. Longueur totale 5^m20.

114 — Beau Bandeau en soie blanche et dessin avec fleurs, couleur verte, frange argent. Longueur 2^m20.

115 — Trés beau Lambrequin en satin vert, broché de soie de couleur tissée d'or et argent, avec encadrement brodé or fin sur fond rouge, très belle frange à graines d'épinard. Longueur 2^m20.

116 — Chapes en soies Louis XV, brochées de couleurs différentes.

117 — Bandeaux en satin crème, brodés au cordon-
nct, et points noués de couleur groseille,
très riche dessin de l'époque Louis XV. Longueur totale 6^m sur 0^{m}40.

118 — Autres Bandeaux, même travail, mais plus
étroits. Longueur totale 4^m.

119 — Portière en dauphine de Tours avec fleurs bleues,
très grande frange et galon dorés. 2^m de lar-
geur.

120 — Autre Portière en satin saumon, avec dessin courant de 1^{m}80, franges et galon argentés.

121 — Chape fond blanc, avec fleurs de couleurs veinées
en dauphine de Tours, galon argenté et dentelé.

122 — Chapes en satin fond blanc à fleurs bleues, époque
Louis XV, et franges dorées.

123 — Chape en soie, époque Louis XVI.

124 — Chapes en soie foncée, en damas rouge.

125 — Chape en soie havane avec fleurs crème, frange
d'argent, à fleur brochée, époque Louis XV.

126 — Chape fond en soie satin blanc, grands bouquets
de fleurs de couleurs, et chaperon fond rouge
broché de fleurs de couleurs, frange dorée.

127 — Chasuble en brocatelle fond rouge et blanc, croix
en soie de couleur.

128 — Chasuble en soie, fond satin, à grande fleur de
couleur, croix jaune en soie.

129 — Chasuble en soie à bouquet de couleur sur fond
blanc, avec belle bande de satin fond rouge à
fleur.

130 — Petit Tapis en soie fond rouge à grandes fleurs, une frange crépine dorée.

131 — Chape en soie satin blanc, grandes fleurs, franges.

132 — Fort lot d'Étoles en soie de couleurs diverses, environ 100 avec leurs franges et galon (Sera divisé).

133 — Lot d'Étoles en tapisserie.

134 — Lot de Voiles de calice, brodés en couleurs.

135 — Lot de trois Chapes en soie, or fin, à rayures, franges dorées.

136 — Belle Chasuble en satin blanc et grandes fleurs de couleurs.

137 — Chasuble en soie avec galon lamé d'argent, en soie de couleur vert et blanc, époque Louis XIV.

138 — Dalmatiques à bandes satin fond blanc à fleurs de couleurs, lamé et tissé d'or et d'argent, avec galerie de velours vert.

139 — Chasuble en damas vert et bandes en dauphine de Tours, époque Louis XV, galon doré.

140 — Dalmatiques à bandes satin fond blanc avec fleurs brochées de soie de couleurs et chenilles Louis XVI, avec grandes bandes de damas de soies polychromes.

141 — Chasuble en damas vert et bande en dauphine Louis XV, galon doré.

142 — Chasuble en satin à rayure, avec fleurettes, époque Louis XV, galon doré.

143 — Chasubles en damas vert et violet.

144 — Chapes avec satin à rayures fond rouge,
Louis XVI.

145 — Chasuble en soie, à bouquets, époque Louis XVI.
le dos sans aucune coupure.

146 — Chasuble en soie fond blanc, avec soie jaune en
la croix.

147 — Chasuble en damas vert et galons dorés.

148 — Chasuble dessus de lutrin en soie fond crème et
fleurs, 2^m40.

149 — Belles Chapes en soie, à fond chevronné, avec
bouquets de couleurs, satin et rayure rouge,
frange dorée.

150 — Chasuble sans aucune coupure du dos. satin
violet, à tiges et fleurs chamois.

151 — Belle Chape en satin fond vert, à fleurs diverses,
damas rouge, frange dorée.

152 — Lambrequin en satin fond bleu, avec application
de ruban blanc et jaune, frange dorée, longueur 1^m80, Louis XIV.

153 — Belle Chasuble en soie violette, bouquets de couleurs variées, très large galon argenté, époque
Louis XV.

154 — Chape en satin fond rose, avec bouquets de couleurs, tissus d'argent et branchage en rinceaux
chargés de fleurs, chaperon gros bouquets de
couleurs et belle frange à graines d'épinard.

155 — Tapis carré de table en soie fond gris à rayures.
frange dorée.

156 — Chasuble en soie fond vert, dessins persans,
galon en soie jaune.

157 — Chape en soie fond ardoise, avec branchage et fleur grise, galon et frange argent.

158 — Pentes de dais fond rouge, dessins tissés de fleurs d'argent, 4^m.

159 — Dessus de lit en toile de Jouy, avec personnages et animaux, signé en toute lettres, manufacture de Oberkamp, près Versailles, bon teint.

160 — Dalmatique avec tapisserie.

161 — Lambrequin en satin rose et fleurs de couleurs, frange d'argent, total 5^m.

162 — Pentes en soie, à rayures de couleurs et petits bouquets de fleurs, longueur totale 2^{m}40.

163 — Chape en soie, à grands bouquets de couleurs.

164 — Chapes en soies de couleurs.

165 — Très belle grande Chape en drap d'or, à fleurs de diverses couleurs, chaperon de même étoffe, splendide conservation, étoffe Louis XV.

166 — Fort lot d'Étoles Manipules en soies, broderies et tapisseries (Sera divisé).

167 — Lot de Voiles de calice, en soies et en broderies (Sera divisé).

168 — Fort lot de Galons et Franges de toutes grandeurs, argentés et dorés (Sera divisé).

169 — Lot de Glands dorés et argentés.

170 — Lot de Pentes de lits Louis XIII, en serge de toutes couleurs, avec application de rubans et cordonnets.

Vᵉ Renou et Maulde, imprimeurs de la Compagnie des Commissaires-Priseurs, rue de Rivoli, 144.　　　　300—55254

Première Semaine de Mars 1885

TRÈS IMPORTANTE & RARE COLLECTION

DE

TISSUS ANCIENS

DU XIIIe AU XIXe SIÈCLE INCLUS

COMPRENANT

Des Échantillons remarquables tissés & lamés d'or & d'argent

BROCARTS — VELOURS DE SOIE — BROCHÉS

De Gènes, Lyon, Tours, Venise et autres Provenances

BROCARTS DE SOIE BROCHÉS

GROS DE LYON ET TOURS

SOIERIES DE VENISE, ROME, NAPLES, MILAN, GÈNES

Etoffes brochées de Flandre, du Hainaut & d'Allemagne

QUANTITÉ DE TISSUS FRANÇAIS

Des siècles passés

& TISSUS IMPRIMÉS

DONT LA VENTE AURA LIEU

A PARIS, HOTEL DES VENTES

Me Robert LE SUEUR	M. E. GANDOUIN
Commissaire-Priseur	Expert
Rue Le Peletier, n° 29	Rue Le Peletier, n° 42

Chez lesquels l'on peut s'adresser pour les renseignements et notices.

Cette Vente comprend plus de 7,000 Échantillons collés sur 750 cartes y compris un Album de 150 feuillets.

Elle sera précédée d'une Exposition publique.

Cette Collection sera vendue en bloc, sans aucune division.

EXPOSITION LE 8 MARS 1885

Vente le 9

NOTICE

Concernant une Vente

D'ÉCHANTILLONS D'ÉTOFFES

et

TISSUS ANCIENS

Dont la vente aura lieu

A PARIS, HOTEL DES VENTES

En Mars 1885.

On n'a pas oublié le succès obtenu, au courant de l'année dernière, par plusieurs vente d'Étoffes et de Tissus anciens. Nos musées d'art décoratif comme l'industrie privée ont tout intérêt à ne pas laisser se perdre ces beaux échantillons du passé, qui sont pour nous aujourd'hui autant de précieux modèles.

Aussi est-ce avec plaisir que nous annonçons comme devant avoir lieu dans les premiers jours de Mars prochain, une vente de Tissus et d'Étoffes qui offrira un grand nombre de très intéressants spécimens de différentes époques, sortis de manufactures diverses.

La vente dont nous parlons comprendra notamment une grande quantité de Soies et de *Brochés* de soie, datant du commencement du XIIIe siècle à la moitié du XIXe siècle.

Puis viendront des étoffes fort curieuses dont la fabrication a précédé la promulgation de certains édits somptuaires; de remarquables échantillons de Brocarts de soie, tissés à Lyon, à Tours et dans tous les autres grands centre de la France pendant les XVe et XVIe siècles, des Velours de Gênes, de Venise; de la plus grande variété, lamés d'or et d'argent.

Quoi encore? une très belle réunion de Morceaux lamés d'or et d'argent, des époques Louis XIV et Louis XV, d'une grande beauté de dessin et d'une qualité supérieure comme tissus.

L'époque Louis XVI et l'Empire fournissent également de très beaux échantillons fort instructifs pour l'histoire de l'art ornemental. Ces échantillons seront présentés sur des cartes séparées faciles à réunir en albums pour chaque période.

La Collection tout à fait exceptionnelle dont nous nous occupons, et qui sera vendue à l'Hôtel Drouot, par Mᵉ ROBERT LE SUEUR et M. GANDOUIN, a été formée depuis de longues années de recherches un peu partout, en France et à l'étranger.

Aujourd'hui que nos jeunes industriels ont besoin de s'inspirer plus que jamais des produits de leurs devanciers, alors que nous savons que ce n'est que par le travail et le savoir que nous pourrons arriver au relèvement de nos industries nationales, nous avons jugé à propos, en ce moment de crise aiguë, d'entretenir les amateurs de cette vente, d'autant plus que nous voudrions voir rester en France cette Collection qui a sa place marquée dans un de nos musées départementaux, lesquels généralement sont si pauvres en documents de cette nature.

Non seulement l'industrie des tissus a beaucoup à prendre dans une pareille collection qui sera peut-être vendue par partie, par séries ou par époques, mais cent industries différentes ont à prendre dans une pareille succession. Nos fabricants de papiers peints y trouveront de nouveaux éléments de succès, nos grands artistes peintres, dont les tableaux, sont recherchés du monde entier, auraient là des documents qu'ils retrouveront difficilement.

POUR TOUS RENSEIGNEMENTS ET ORDRES

S'adresser à M. E. GANDOUIN, Expert

Rue Le Peletier, 52, à Paris.

CONDITIONS DE LA VENTE

Elle sera faite au comptant.

Les Acquéreurs paieront CINQ POUR CENT, en sus du prix d'adjudication.